VENTE

du Lundi 23 Décembre 1895

HOTEL DROUOT, SALLE N° 7

A DEUX HEURES 1/4

BEAUX

Meubles Anciens

ET DE STYLE

TAPISSERIES DE LA RENAISSANCE

TAPIS D'ORIENT

ARGENTERIE, ORFÈVRERIE DE TIFFANY

Marbres de Mathurin Moreau et de Belloni

BRONZES, PORCELAINES, FAIENCES, ARMES

OBJETS DE VITRINE

Pastels, Tableaux, Dessins, Miniatures, Gravures

Me G. BOULLAND	**M. A. BLOCHE**
COMMISSAIRE-PRISEUR	EXPERT
26, Rue des Petits-Champs, 26	28, Rue de Châteaudun, 28

EXPOSITION PUBLIQUE

LE DIMANCHE 22 DÉCEMBRE 1895

de 2 heures à 5 heures 1/2

CONDITIONS DE LA VENTE

La vente sera faite *expressément* au comptant.

Les acquéreurs payeront en sus des adjudications *cinq pour cent*.

L'exposition mettant le public à même de se rendre compte de l'état des objets, il ne sera admis aucune réclamation une fois l'adjudication prononcée.

Paris. — Imp. E. Ménard & Cᵢₑ, 8, rue Milton.

TAPISSERIES, TAPIS

1 — Belle tapisserie de l'époque de la Renaissance, représentant plusieurs personnages en
riches costumes chassant le canard et conduits
par un bateau guidé par un batelier se tenant
debout à l'arrière.

2 — Jolie portière en ancienne tapisserie à
grands personnages de la Renaissance, en-
cadrée de peluche et de passementerie.

3 — Galerie ancienne d'Orient. Long. 5 mètres.

4 — Autre galerie ancienne d'Orient. Long.
4 mètres.

5 — Deux carpettes moquettes.

MEUBLES

6 — Joli meuble, époque Henri II, modèle de
Ducerceau à colonnettes. Belle conservation.

7 — Deux bergères Louis XVI en bois gris, recouvertes en étoffe bleue à fleurs en grisailles.

8 — Deux sièges forme X couverts en tapisserie au point.

9 — Table de salle à manger en noyer sculpté à colonnes et balustres. Style Renaissance.

10 — Bahut en bois sculpté Époque Louis XIII.

11 — Piano droit en palissandre.

12 — Glace ronde avec cadre formé de cornes d'animaux divers.

13 — Secrétaire Louis XVI en acajou garni de cuivres.

14 — Grand paravent à six feuilles en papier cuir.

15 — Meuble Louis XIII en bois sculpté à deux corps.

16 — Table console en acajou ciré, dessus en onyx d'Algérie.

17 — Ameublement de chambre à coucher en noyer sculpté, ciré et frisé. Style Louis XV.

18 — Armoire en bambou à trois portes ornées
de glaces.

19 — Belle armoire normande avec portes ornées
de glaces.

20 — Petit bureau de dame à cylindre.

21 — Bureau Louis XVI formant vitrine en
acajou.

22 — Table de salle à manger en noyer sculpté.

23 — Autre table de salle à manger à trois ral-
longes.

24 — Cinq chaises en noyer couvertes en cuir.

25 — Meuble à hauteur d'appui en palissandre.

26 — Lit Louis XVI en noyer.

27 — Glace avec cadre à fronton en bois doré.

28 — Fauteuil anglais à bascule.

29 — Guéridon en bois noir.

30 — Deux stores de Pesles.

31 — Coffre-fort de Petitjean.

32 — Bureau-écran avec abattant en noyer ciré.

33 — Chaise basse genre anglais.

34 — Chaise longue.

35 — Deux grandes gaînes en bois sculpté relevé d'or par partie, formant armoires.

36 — Console en bois sculpté. Époque Louis XV.

ARGENTERIE, ORFÈVRERIE
OBJETS D'ART

37 — Très belle pièce de milieu en ancien argent ciselé avec figurines de dieux, déesses et coquilles disposées sur l'entablement.

38-47 — Dix pièces d'orfèvrerie de Tiffany (sera divisé).

48 — Groupe en marbre : Le Retour des prix, de Mathurin Moreau.

49 — Statuette en marbre : L'Amour captif, de Belloni.

5o — Joli lustre hollandais en cuivre poli à douze lumières.

51 — Deux grands vases en porcelaine du Japon.

52 — Deux chimères en terre émaillée de Chine.

53 — Statuette en bronze : L'Almée, de Waagen. Avec manteau et coiffure pour transformation.

54 — Grande lanterne en fer forgé.

55 — Deux vases en porcelaine décorée fond bleu à rehauts d'or.

56 — Deux lampes en porcelaine noire à fleurs.

57 — Deux grandes vasques en bronze du Japon.

58 — Statuette en porcelaine décorée.

59 — Service en porcelaine du Ier Empire à bords dorés.

6o — Cabaret avec flacons rehaussés d'or.

61 — Assiette en vieux Japon à personnages.

62 — Assiette en ancienne porcelaine de Chine.

63 — Deux assiettes en porcelaine à la Reine.

64 — Plat en vieux Japon.

65 — Quatre assiettes en porcelaine de Chine et du Japon.

66 — Tasse, anse forme cygne, en porcelaine blanche et or.

67 — Coupe de dentelles en ancien point d'Alençon.

68 — Deux lampes à gaz en bronze japonais.

69 — Samovar.

70 — Tam-tam.

71 — Sept cadres avec cartes anciennes.

72 — Lustre flammand en cuivre à six lumières

73 — Jardinière en faïence, genre Palissy.

74-80 — Divers objets de vitrine en porcelaine et biscuit (seront divisés).

81 — Miniature représentant un portrait de femme Ier Empire.

82 — Plat rond en ancienne faïence de Moustiers avec chiffres et couronne.

83 — Bonbonnière en émail gros bleu monture argent.

84 — Bonbonnière en émail bleu turquoise étoilé d'or.

85 — Bonbonnière en argent gravé milieu émaillé.

86 — Bonbonnière émail gros bleu et sujets grisaille.

87 — Flacon cristal, monture argent.

88 — Flacon porte or cristal, monture argent.

89 — Flacon en émail peint à sujets champêtres, monture argent.

90 — Flacon plat en émail peint représentant la Esmeralda.

91 — Petit flacon en argent.

92 — Grande et belle potiche avec couvercle du Japon, décor polychrome à rehauts d'or.

93 — Deux petites potiches en vieux Japon, décor polychrome.

94 — Assiette de Rouen, décor polychrome.

95 — Bouteille de Chine, panse aplatie, rouge haricot.

96 — Gargoulette en faïence de Perse, décor bleu montée en argent.

97 — Groupe de chiens en porcelaine d'Allemagne.

98 — Trois aiguières à vin en cristal bleu et blanc, monture argentée forme perroquet.

99 — Jardinière en grès craquelé de Chine.

100 — Deux coupes forme feuilles céladon.

101 — Boîte à gants en galvano.

102 — Brûle-parfums avec couvercle bronze du Japon.

103 — Coffret à bijoux en galvano.

104 — Plateau en métal japonais.

105 — Grande épée à deux mains à lame flamboyante.

106 — Dague italienne avec pommeau en fer ciselé.

107 — Pistolet ancien.

108 — Épée à lame longue et fine. Garde à quillons courbes, XVIᵉ siècle.

109 — Épée à lame longue et fine, garde à corbeille et quillon droit. XVIᵉ siècle.

110 — Sabre oriental, poignée et fourreau en argent,

111 — Deux petits groupes de Japonais en terre.

112 — Grand bas-relief d'après Clodion en polychrome représentant un faune, une bacchante et des enfants.

113 — Bas-relief polychrome (partie du vase de Clodion à Versailles redressé en frise et encadré de peluche.

114 — Bas-relief polychrome sujet principal du même vase de Clodion également encadré de peluche.

115 — Buste, grandeur nature de Marie-Antoinette, en polychrome.

116 — Le baiser, groupe d'après Houdon en polychrome.

117 — Dormeuse d'après Pradier, en polychrome.

TABLEAUX, DESSINS

118 — CHAPLIN. Deux têtes de femme, sanguines, dans un même cadre.

119 — CHÉRET (Joseph). Projets de décoration de salon Louis XVI. Deux dessins avec droit d'exécution.

120 — BENASSIT. Aux Environs de Paris pendant le siège. Scène militaire, aquarelle.

121 — DUPUIS (Félix). La Liberté éclairant le monde. Grand dessin allégorique.

122 — BOUCHER (D'après). La Belle Villageoise. Gravure.

123-124 — GARRIDO. La Rieuse et La Pensive. Deux pendants.

125 — GREUZE (D'après). Le Paralytique servi par ses enfants. Belle gravure.

126 — PATEL. Ruine avec figures, gouache.

127 — Palais et Parc animé de figures, gouache.

128 — RICHARD-RANFT. Biche sous Bois. Pastel.

129 — ROUSSEAU (EMMANUEL). Plat de brioches.

130 — SETTE (JULES). Nature morte. Dessin.

131 — SÉRAPHIN. Femme moyen-âge. Dessin.

132-133 — SÉRAPHIN. Paysages. Deux aquarelles.

134 — TÉNIERS (Genre de). Scène de festin.

135 — TÉNIERS (Genre de). Les Fumeurs.

136 — ÉCOLE FRANÇAISE. Portrait de la reine Marie-Antoinette représentée en costume de cour. Très beau pastel, cadre en bois sculpté.

137 — ÉCOLE FRANÇAISE. Diane chasseresse,

138 — ÉCOLE FRANÇAISE. Portrait d'un peintre.

139 — Minerve et l'Amour.

140 — Portrait de Suffren. Dessin.

141 — Vue des environs de Gênes. Aquarelle.

142 — Lancier. Aquarelle.

143 — La Pluie d'or, dessus de porte.

144 — Deux scènes champêtres. Dessins dans un même cadre.

145 — L'Amour visant un cœur.

146 — ÉCOLE ANCIENNE. Portrait de femme
avec corsage à rabat.

147 — Portrait d'homme.

148 — Objets omis.

Paris. — Imp. E. Ménard & Cie, 8, rue Milton.